NATIONAL GEOGRAPHIC

School Publishing

Destino final:

La Luna

EDICIÓN PATHFINDER

Por Beth Geiger

CONTENIDO

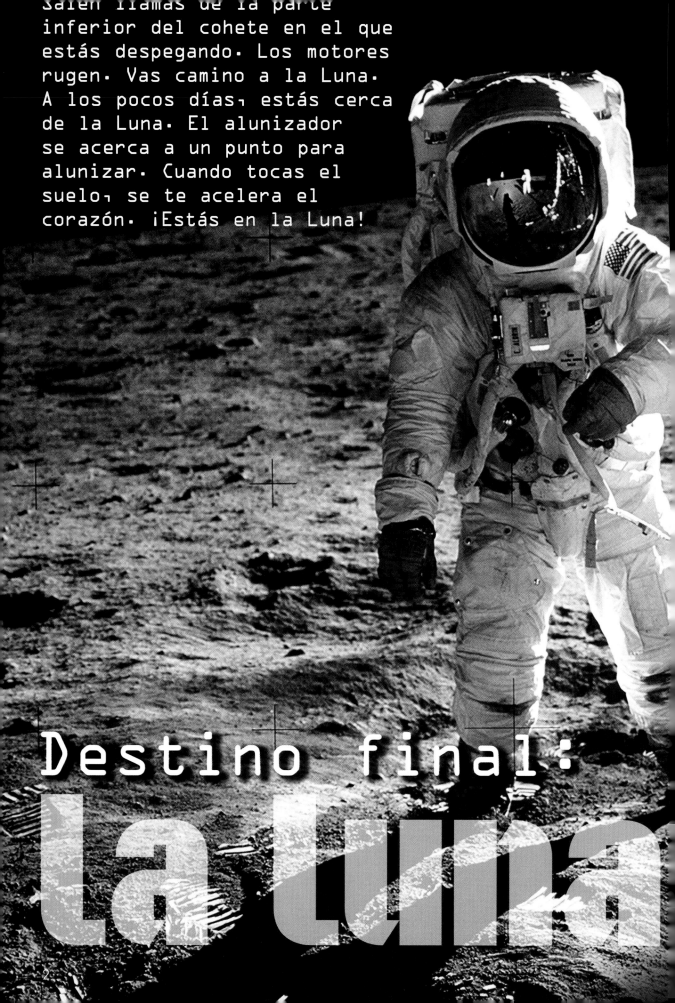

Salen llamas de la parte inferior del cohete en el que estás despegando. Los motores rugen. Vas camino a la Luna. A los pocos días, estás cerca de la Luna. El alunizador se acerca a un punto para alunizar. Cuando tocas el suelo, se te acelera el corazón. ¡Estás en la Luna!

Destino final:
la Luna

Un plan osado

Entre 1969 y 1972, la NASA envió a 12 personas a la Luna. La NASA es la Agencia Espacial de los Estados Unidos. Ahora, la NASA quiere regresar a la Luna. Está trabajando en un plan llamado Programa Constelación. Si el plan se aprueba, constará de tres partes.

La primera parte es llegar a la Luna en el año 2020. Mediante el estudio de la Luna podemos aprender más acerca de nuestro planeta.

La segunda parte del plan es construir una base espacial en la Luna. Los astronautas se quedarán allí durante meses para darles más tiempo para explorar.

La tercera parte es la más osada: usar la base en la Luna para viajar al planeta Marte.

Asuntos lunares

Distancia promedio de la Tierra: 384.400 kilómetros (238.555 millas). ¡Es como dar 10 vueltas a la Tierra!

Tamaño: dentro de la Tierra podrían entrar 49 lunas

Cantidad de días que le lleva orbitar la Tierra: 27,32

Temperatura más alta en la superficie: 123° C (253° F): ¡calor suficiente para cocinar carne!

Primera nave espacial en alunizar: Luna (de la Unión Soviética), 12 de septiembre de 1959

Primer visita humana: Apolo 11 (NASA) 20 de julio de 1969

Por Beth Geiger

Un gran empujón.
El cohete Ares V lanzará
el alunizador al espacio.

¡Despegue!

Los científicos de la NASA ya están trabajando en la primera parte del plan. Se requieren dos naves espaciales. Son *Orión* y *Altair*.

Primero, un cohete lanzará a *Orión* al espacio desde el Centro Espacial Kennedy de la NASA, en Florida. Dentro viajarán cuatro astronautas. **Orbitará** la Tierra. Mientras esté en órbita, esperará a la segunda nave espacial.

La segunda nave espacial se llamará *Altair*. Un cohete lanzará también a *Altair* al espacio. *Altair* llevará equipos. *Altair* se acoplará a *Orión*. Luego, ambas naves viajarán juntas hacia la Luna. Después de estar en la órbita de la Luna, los astronautas pasarán de *Orión* a *Altair*.

Las dos naves espaciales se separarán. *Altair* se dirigirá a la Luna. Los astronautas explorarán la Luna durante una semana. Luego, *Altair* los llevará de regreso a *Orión*. *Orión* los traerá de regreso a la Tierra.

El vuelo de regreso puede ser peligroso. Cuando *Orión* ingrese a la atmósfera de la Tierra, la **fricción** provocará un calor inmenso. *Orión* tendrá escudos térmicos especiales para protegerla.

¡Las huellas en la Luna quedan para siempre! ¿Por qué? No hay viento para borrarlas.

Un hogar lejos de casa

En la segunda parte del Programa Constelación, los astronautas construirán una base espacial en la Luna.

La NASA tiene algunas ideas sobre cómo hacerlo. Los cohetes podrían transportar la base hasta la Luna en piezas. Cada pieza es como una casa rodante. La base será como un gran conjunto de casas rodantes.

Altair llevará a los astronautas y los equipos a la Luna. *Altair* es lo que se llama un alunizador. ¡Alunizar no es fácil! Hay hoyos profundos, o **cráteres**, en la superficie de la Luna. Y la superficie es rocosa. Para ayudar a los astronautas a alunizar de manera segura, *Altair* tendrá cámaras. Las cámaras ayudarán a los astronautas a elegir un buen lugar para alunizar.

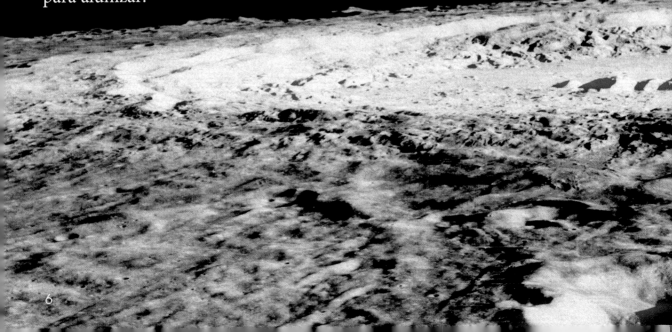

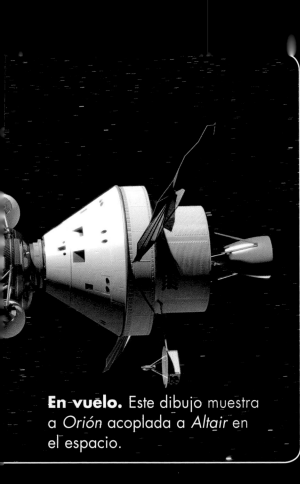

En vuelo. Este dibujo muestra a *Orión* acoplada a *Altair* en el espacio.

Puesto de avanzada lunar. ¿Dónde la construirá? El lugar debe ser llano. Debe ser fácil llegar a él. Además, debe ser interesante para explorar.

El Polo Sur de la Luna podría ser perfecto. Es más cálido que otras partes de la Luna. Recibe mucha luz del Sol. Incluso hay agua.

Al principio, los astronautas permanecerán en la base espacial durante una semana. Luego, permanecerán allí durante seis meses.

¿En la luna hay días y noches?

¡Sí, días y noches muy largos! Cada día dura aproximadamente 28,5 días terrestres.

La vida en la Luna

La NASA tiene algunas ideas para hacer que la vida en la Luna sea más cómoda para los astronautas.

Las personas pesan menos en la Luna. Los músculos y los huesos no se esfuerzan lo suficiente.

Los astronautas harán ejercicio para mantenerse fuertes.

La superficie de la Luna es polvorienta y rocosa.

Los astronautas necesitarán trajes espaciales ultra resistentes. La NASA también está trabajando en eso.

Para desplazarse, los astronautas conducirán una clase especial de automóvil. Se llama **vehículo lunar.** Dentro de él, los astronautas podrán quitarse sus trajes espaciales. Eso hará que sea más fácil trabajar.

La órbita y la rotación de la Luna coinciden

La Luna tarda aproximadamente 27 días para completar una órbita a la Tierra. También le lleva aproximadamente 27 días completar una rotación.

¿Por qué la Luna tarda el mismo tiempo para completar una órbita y una rotación?

La gravedad de la Tierra tironea a la Luna. Como un objeto al que atrae un imán, la Luna permanece de cara a la Tierra. Mientras la Luna permanece de cara a la Tierra, rota una vez cada vez que completa una órbita.

La base espacial del futuro.
Este dibujo muestra cómo se verá, probablemente, el puesto de avanzada lunar.

De la Luna a Marte

La tercera parte del Programa Constelación es realmente grande. La NASA está planificando lanzar cohetes desde la Luna. ¡Los cohetes irán a Marte! La gravedad de la Luna es débil en comparación con la de la Tierra. Eso significa que los cohetes podrán despegar más fácilmente desde la Luna.

La exploración de Marte. Este dibujo muestra un alunizador en Marte.

De todas maneras, una misión a Marte no será fácil. Tomará seis meses viajar allí. Cuando lleguen, los astronautas permanecerán en Marte durante 18 meses.

El osado plan de la NASA no se llevará a cabo de inmediato. Las personas en la NASA deben resolver algunos problemas antes de que se pueda realizar. Pero trabajarán con ahínco para lograrlo con el fin de explorar la Luna.

Vocabulario

cráter: agujero en la superficie de la Luna

orbitar: moverse en círculos alrededor de algo

vehículo lunar: pequeño vehículo que se desplaza en la Luna

Los elementos correctos

La Luna no se parece mucho a la Tierra. Hace demasiado calor o demasiado frío. No hay aire. Es seca y polvorienta. ¿Cómo hará la NASA para que sus planes de ir a la Luna funcionen? Mira estas ideas geniales.

Practicando en la Tierra. Eso es exactamente lo que hace el equipo especial encargado de hacer pruebas de la NASA. En primer lugar, van hasta los lugares de la Tierra que más se parecen a la Luna...por ejemplo, los desiertos. Luego conducen el LER y se prueban los trajes espaciales. ¡Qué buen trabajo!

Vehículo lunar eléctrico (*Lunar Electric Rover*, LER). Los astronautas tendrán que conducir en la Luna. Por eso, la NASA ha fabricado un automóvil especial. Puede desplazarse por terreno muy rocoso. Los astronautas no necesitarán usar los trajes espaciales dentro del vehículo. ¡Incluso podrán dormir dentro de él!

Los hábitats lunares serán el hogar de los astronautas. Los hábitats deben ser livianos para poder transportarlos al espacio. También se los debe fabricar en piezas. Esto hará que sea más fácil armarlos en la Luna. Los astronautas dormirán, comerán y trabajarán dentro de ellos. ¿Cómo los fabricará la NASA? Una idea es hacer pequeñas casas inflables.

Aventuras lunares

Ponte a prueba respondiendo estas preguntas sobre la exploración del espacio.

1 ¿Cuáles son las tres partes principales del Programa Constelación de la NASA?

2 ¿Por qué las personas no pueden vivir en la Luna?

3 ¿En qué se diferencian la Tierra y la Luna?

4 ¿Por qué la NASA está planificando lanzar cohetes desde la Luna hasta Marte?

5 ¿Querrías explorar la Luna? ¿Por qué?